Die deutsche Arbeiterversicherung im Kampfe gegen die Tuberkulose.

Die deutsche Arbeiterversicherung im Kampfe gegen die Tuberkulose

Vortrag auf dem VII. Internationalen Tuberkulose-Kongreß
in Rom 1912

Von

Dr. jur. et med. h. c. Kaufmann
Präsident des Reichsversicherungsamts

Springer-Verlag Berlin Heidelberg GmbH 1912

ISBN 978-3-662-32442-4 ISBN 978-3-662-33269-6 (eBook)
DOI 10.1007/978-3-662-33269-6

Die Stadt, deren auf Sitte und Ueberlieferung von Jahrhunderten begründete Gastlichkeit wir dankbar genießen, verehrte einst als Gott allen Ursprungs und Anfangs den Janus Geminus. Sein in Vergangenheit und Zukunft schauendes Bild wird manchem von Ihnen in der vom Odem der Ewigkeit durchwehten Roma begegnet sein.

Auch mein Vortrag trägt ein Doppelgesicht. Am Beginn eines bedeutungsvollen Abschnitts in der Geschichte der deutschen Arbeiterversicherung will er zurückblickend auf die schon durchlaufene Strecke über den vor uns liegenden Weg mit seinen neuen aussichtsreichen Zielen unterrichten.

Die im letzten Vierteljahrhundert auf völlig neuen Grundlagen kühn und eigenartig aufgebaute deutsche Arbeiterversicherung[1] hat zum ersten Male in der Weltgeschichte die Betätigung der Nächstenliebe als sittliche Pflicht der staatlichen Gesamtheit anerkannt. Was in der kurzen Zeit einer ersten, grundlegenden Entwicklung im Dienste dieser höchsten Kulturtat des neunzehnten Jahrhunderts geleistet wurde, überwiegt die Arbeit vieler Menschenalter[2]. Durch die Reichsversicherungsordnung vom 19. Juli 1911 und das Verficherungsgesetz für Angestellte vom 20. Dezember 1911 ist das stolze Werk gekrönt worden. Die Reichsverficherungsordnung hat das Problem einer Hinterbliebenenverficherung in großem Stile gelöst. Die Angestelltenverficherung wird für eine wirtschaftlich gehobene Gruppe der werktätigen Bevölkerung eine ausgiebigere, über die allgemeine Reichsverficherung hinausgehende Versorgung schaffen.

In Deutschland waren Ende 1910 von einer Gesamtbevölkerung von rund 65 Millionen 14 Millionen gegen Krankheit, 24,2 Millionen gegen Unfall und 15,7 Millionen gegen Invalidität verfichert[3]. Der Kreis der Verficherten wird namentlich bei der Krankenverficherung durch die Reichsverficherungsordnung erheblich erweitert werden. Infolge der Ausdehnung der Krankenverficherungspflicht auf die Dienstboten, die land- und forstwirtschaftlichen Arbeiter und Betriebsbeamten, die unständigen Arbeiter und die im Wandergewerbe beschäftigten Personen sowie die in nicht gewerbsmäßigen Betrieben Beschäftigten wird die Krankenverficherung demnächst 20 bis 21 Millionen Personen erfassen.

Bis zum Schlusse des Jahres 1910 wurden an Renten von den Berufsgenossenschaften[4] rund 1778, von den Verficherungsanstalten[5] rund 1800 Millionen Mark verausgabt. Mit Einschluß der Krankenverficherung haben bis Ende 1910 im ganzen rund 100 Millionen Erkrankte, Unfallverletzte, Erwerbsunfähige und deren Angehörige 8,4 Milliarden Mark Entschädigungen erhalten. Gegenwärtig werden bei uns für die drei Verficherungszweige täglich rund 2 Millionen Mark aufgewendet, während die angesammelten Vermögensbestände schon 2,5 Milliarden Mark betragen[6]. Beredter als durch Worte wird durch diese Zahlen die wirtschaftliche Bedeutung der Arbeiterverficherung und die Größe des Fortschritts ausgedrückt, dessen sich die Arbeiterschaft von heute gegenüber dem früheren Geschlecht erfreut.

Aber nicht nur durch unmittelbare Zuwendungen an die Versicherten, sondern auch mittelbar durch den Bau von Arbeiterwohnungen, Krankenhäusern, Genesungsheimen, Volksheilstätten und durch zahlreiche andere Wohlfahrtseinrichtungen haben die Versicherungsträger mit einem Aufwand von über 1 Milliarde Mark die Lage der arbeitenden Klasse wirtschaftlich und gesundheitlich gehoben[7]).

Dazu kommen die wertvollen Begleiterscheinungen der neuen Gesetzgebung. Wie eine gute Tat fortzeugend Gutes schafft, so haben viele Unternehmer, angeregt durch die Sozialreform, die Arbeiterfürsorge hochherzig weit über ihren gesetzlichen Rahmen ausgedehnt. Neben der umfangreichen sozialen Betätigung staatlicher und kommunaler Verbände entwickelte sich ein vielverzweigtes gemeinnütziges Wirken zum Wohle der ärmeren Volksschichten. Die Arbeiterversicherung, die so vielem eine neue Richtung gab, wurde in Wahrheit eine sozialpolitische Schule für unsere Nation. Von einem der besten ausländischen Kenner der deutschen Versicherungseinrichtungen, Professor Edouard Fuster in Paris, stammt das schöne, zutreffende Wort: „Das Geld, welches in Deutschland für die Durchführung der Versicherungsgesetze ausgegeben wird, erscheint in tausend Gestalten wieder. Es wird zu Familienglück, Gesundheit und Menschenwürde, und schafft ein starkes, lebenskräftiges Deutschland, das ewig dauern wird"[8]).

Mit besonderer Befriedigung erfüllt der Rückblick auf die vorbeugende Tätigkeit der Versicherungsträger bei der Unfallverhütung und der Heilbehandlung. Schon bald brach sich die Einsicht Bahn, daß die letzten Ziele der öffentlichrechtlichen Fürsorge in der Sicherstellung der Kraft und Gesundheit des Volkes gipfeln, daß Schäden besser verhütet als geheilt, besser geheilt als bezahlt werden und daß jedes auf solche Weise erhaltene Arbeiterleben ein nationales Guthaben bedeutet. Bei diesen Bestrebungen wurden die menschenfreundlichen Absichten der Versicherungsträger mit ihren auf Verringerung der Rentenlast gerichteten Interessen innig verbunden.

Auf die Unfallverhütung[9]), dank deren gewisse Arten von Unfällen fast verschwunden oder doch in ihrer Zahl erheblich vermindert und die Folgen der Unfälle allgemein milder geworden sind, kann ich hier nicht eingehen. Ebensowenig auf die Heilmaßnahmen der Berufsgenossenschaften, durch die mit einem Aufwand von bisher 152 Millionen Mark[10]) den verletzten Arbeitern eine den höchsten Anforderungen der fortgeschrittenen ärztlichen Wissenschaft entsprechende Krankenhausbehandlung kostenlos gewährt wurde. Auch die Aufwendungen der Krankenkassen[11]) für Heilzwecke, die sich bis Ende 1910 auf rund 4,3 Milliarden Mark beliefen, waren für Gesundheit und Lebenskraft der deutschen Arbeiter von größter Bedeutung. Insbesondere ist die ausgezeichnete Krankenhausbehandlung sowie die Fürsorge für Genesende, die manche Krankenkassen ihren Mitgliedern gewährten, auch der Tuberkulosebekämpfung zugute gekommen. Durch vielseitige hygienische Belehrung ihrer Mitglieder haben Krankenkassen diese Bestrebungen noch weiter gefördert. Es ist zu begrüßen, daß die Reichsversicherungsordnung die Krankenhauspflege der Krankenkassen und ihre Fürsorge für Genesende weiter ausgestaltet und auch die Verwendung von Kassenmitteln für allgemeine Zwecke der Krankheitsverhütung ausdrücklich zugelassen hat.

Vor allem weisen die Heilmaßnahmen der Versicherungsanstalten[12]) ein immer wachsendes Feld reich gesegneter Arbeit auf. Sie haben eine so mächtige Ausdehnung gewonnen, daß sie ein unentbehrlicher Bestandteil unserer Wohlfahrtspflege geworden sind. Mit ihnen ist auch der in Deutschland im letzten Vierteljahrhundert zielbewußt geführte Kampf gegen die Tuberkulose aufs engste verknüpft.

Aus kleinen Anfängen gingen diese Bestrebungen hervor. Weitschauende Männer verstanden es, die beim Erlasse des Invaliditäts- und Altersversicherungsgesetzes vom 22. Juni 1889 als nur nebensächlich gedachte vorbeugende Heiltätigkeit zu ihrer jetzigen Bedeutung auszubauen. Statt vieler nenne ich Hermann Gebhard[13]), den verstorbenen Direktor der Versicherungsanstalt der Hansestädte. Er hat auf die gesamte Heilstättenbewegung maßgebend eingewirkt. Für diese bedeutete der Eintritt der deutschen Versicherungsanstalten in der Tat einen Wendepunkt. „Die Erkenntnis", so hat der von uns in diesen Tagen schmerzlich vermißte Bernhard Fränkel gesagt, „daß es durch ein vorbeugendes Heilverfahren möglich sei, der Verbreitung der Tuberkulose entgegenzutreten, führte zu einer bewundernswerten Organisation gegen die mörderische Feindin der Menschheit. Das von ausreichenden Mitteln unterstützte Bestreben der Versicherungsanstalten wurde zur lebendigen Kraft und setzte sich in erstaunlicher Weise in die sichtbare Tat um. So wurde die Invalidenversicherung zum kräftigsten Grundpfeiler des allgemein entbrannten Kampfes"[14]).

Die erste Heilstätte für Lungenkranke wurde von der Versicherungsanstalt Hannover erbaut[15]). Am 1. Mai 1895 eröffnete sie das Genesungsheim Königsberg bei Goslar (Harz). Ihr folgten 1897 mit je 1 Lungenheilstätte die Versicherungsanstalt Braunschweig[16]) und die Hanseatische Versicherungsanstalt[17]). Beim Inkrafttreten des Invalidenversicherungsgesetzes vom 13. Juli 1899 bestanden schon 14 Heilstätten, nämlich 9 Lungenheilanstalten und 5 Sanatorien. Ende 1910 zählte man aber 38 Heilstätten sowie 36 Sanatorien, Genesungsheime und Krankenhäuser, von denen 3, und zwar 1 Lungenheilstätte und 2 Genesungsheime, noch nicht vollständig eingerichtet sind[18]). Für den Bau der 38 Heilstätten wurden bis Ende 1910 rund 46,5 Millionen Mark aufgewendet. Davon entfielen auf den Grund und Boden 2,3, auf die Errichtung der Gebäude nahezu 39,5 und auf die innere Einrichtung 4,6 Millionen. Die 38 Lungenheilstätten mit einer Bodenfläche von rund 959 ha enthalten 3169 Betten für Männer und 1314 für Frauen. Im Jahre 1910 kostete ihr Betrieb fast 8 Millionen Mark, und wurden dort mehr als die Hälfte sämtlicher auf Kosten der Versicherungsanstalten behandelter Lungenkranken verpflegt. Die übrigen Kranken sind Heilstätten von Privatpersonen, Vereinen oder Kommunalverbänden[19]) überwiesen worden, von denen viele ganz oder teilweise mit Hilfe von Darlehen der Versicherungsanstalten erbaut sind. Ueber 14 Millionen Mark waren hierfür bis Ende 1910 ausgeliehen[20]). Bei Hingabe solcher Darlehen pflegen sich die Versicherungsanstalten gewisse Vergünstigungen auszubedingen. Insbesondere müssen ihnen eine Anzahl von Betten bereit gehalten und ermäßigte Verpflegungssätze gewährt werden.

Während von den Versicherungsanstalten im Jahre 1897 3334 Lungentuberkulöse an nahezu 253 000 Verpflegungstagen behandelt wurden, waren es zehn Jahre später schon 32 074 mit rund 2,4 und im Jahre 1910 sogar 45 609 Kranke mit etwa 3,4 Millionen Verpflegungstagen. Von 1897 bis Ende 1910 ist hiernach die Zahl der Behandelten und der Verpflegungstage etwa auf das

Vierzehnfache gestiegen, während die Kosten den siebzehnfachen Betrag erreicht haben. Der Aufwand belief sich 1897 auf rund 1 Million (4,05 Mark für den Verpflegungstag), 1907 auf nahezu 12 Millionen (5 Mark für den Verpflegungstag) und 1910 auf 17,5 Millionen (5,22 Mark für den Verpflegungstag), insgesamt von 1897 bis Ende 1910 auf rund 117 Millionen Mark[21]).

Die Tuberkulösenfürsorge beherrscht das gesamte Heilverfahren der Versicherungsanstalten. Zwar waren von den 1910 überhaupt in Heilbehandlung genommenen 114 310 Versicherten nur 45 609, also ungefähr 40 v. H., an Lungen- oder Kehlkopftuberkulose erkrankt. Darunter etwa zwei Drittel Männer und ein Drittel Frauen. Gleichwohl waren die Aufwendungen für Tuberkulöse beinahe doppelt so hoch wie für andere Kranke. In Hinsicht auf die größere Zahl der sonstigen Kranken erscheinen sie aber noch beträchtlicher. Dies beruht hauptsächlich darauf, daß die Behandlung der Tuberkulösen wegen der besonders kräftigen Ernährung täglich etwa 80 Pfennig teurer und bei der Natur des Leidens auch länger ist als bei anderen Kranken[22]).

Die Versicherungsanstalten haben zahlreiche Lungenkranke, die wegen ihres Zustandes oder aus anderen Gründen nicht in Heilstätten Aufnahme finden konnten, Walderholungsstätten[23]) überwiesen. Es gibt deren zurzeit 98 in Deutschland. In ihnen wird mit verhältnismäßig geringen Kosten erholungsbedürftigen, ständiger ärztlicher Behandlung nicht bedürftigen Personen, darunter auch Tuberkulösen im Beginne der Erkrankung, der Genuß reiner Luft den Tag über gewährt. Diese die Krankenanstalten zweckmäßig ergänzende Schöpfung zweier Berliner Ärzte bietet einigen Ausgleich gegenüber den Schäden der Arbeiterwohnungen, besonders in den Großstädten. Die Rheinische Versicherungsanstalt errichtete 1903 eine eigene Walderholungsstätte in Rath bei Düsseldorf für 50 Männer und 50 Frauen[24]). Sie hat dort 1910 251 Männer und 125 Frauen mit einem Kostenaufwande von rund 28 000 Mark untergebracht. Insgesamt wurden im Jahre 1910 von den Versicherungsanstalten 1421 Männer und 1345 Frauen Walderholungsstätten überwiesen und an mehr als 83 000 Tagen mit einem Kostenaufwande von rund 170 000 Mark verpflegt[25]).

Von Bedeutung für die weitere Entwicklung der Heilstätten ist auch die Frage der körperlichen Beschäftigung der Kranken in diesen Anstalten[26]). Auf der VII. Tagung der Tuberkuloseärzte von 1910 gingen die Ansichten hierüber noch auseinander[27]). Auch bei den Versicherungsanstalten ist dies der Fall. Eine 1911 vom Reichsversicherungsamte veröffentlichte Uebersicht läßt erkennen, daß ein Arbeitszwang bisher nur bei 10 Versicherungsanstalten eingeführt ist[28]). Es wird Feld-, Wald-, Garten- und Hausarbeit, in einzelnen Fällen auch Werkstattarbeit ärztlich verordnet. Die Arbeit gilt als Heilmittel. Bei 4 Anstalten wird den Pfleglingen eine Vergütung von fünf bis fünfzehn Pfennig für die Stunde gezahlt. Die übrigen Versicherungsanstalten lehnen einen Arbeitszwang ab. Einige von ihnen geben aber den Kranken Gelegenheit zu leichter Beschäftigung gegen geringes Entgelt. Es will mir scheinen, daß vom Arzte vorgeschriebene und überwachte Arbeit auch für Tuberkulöse seelisch und körperlich von hohem Werte ist, und ihnen den Uebergang zur Berufstätigkeit nach Ablauf der Kur erleichtert. Hoffentlich führt eine Erörterung der Angelegenheit im Reichsversicherungsamte mit Vertretern der Versicherungsanstalten zu einer gleichmäßigen Behandlung[29]).

Welche Erfolge entsprechen aber dem Aufwand für die Heilstättenbewegung? Nur wenn diese Frage befriedigend beantwortet wird, läßt es sich rechtfertigen, daß aus dem durch Beiträge der Arbeitgeber und der Versicherten zusammengekommenen und in erster Linie zur Deckung der Rentenlasten bestimmten Vermögen der Versicherungsträger so erhebliche Summen aufgewendet werden.

Für diese Untersuchung bieten die 1898 begonnenen statistischen Erhebungen des Reichsversicherungsamts wertvolle Unterlagen[30]). Von Anbeginn an war die Behörde bemüht, in einmütigem Zusammenwirken mit den ihrer Aufsicht unterstellten Versicherungsanstalten die Tuberkulosebekämpfung zu fördern[31]). Einen erhöhten Einfluß gewann sie, seitdem ihr das Invalidenversicherungsgesetz die wichtige Aufgabe übertragen hatte, die Anlegung des Vermögens der Versicherungsträger in Grundstücken und damit auch die Errichtung von Heilstätten zu genehmigen. Es verdient hervorgehoben zu werden, daß gerade in der Zeit nach dem Inkrafttreten jenes Gesetzes die Zahl der eigenen Heilstätten der Versicherungsanstalten erheblich gewachsen ist. Ein Beweis, wie die Aufsichtsbehörde die Zeichen der Zeit zu beachten und ihre Ansprüche zu befriedigen wußte.

In wiederholten Beratungen mit den Versicherungsanstalten hat das Reichsversicherungsamt brauchbare Grundlagen für eine Statistik über Umfang und Erfolge des Heilverfahrens festgestellt. Auf Grund eines ausgedehnten Beobachtungsstoffs legt diese Statistik Anfangs- und Dauererfolge der Heilbehandlung dar. Ein Anfangserfolg wird angenommen, wenn nach der Heilbehandlung Erwerbsfähigkeit im Sinne des Gesetzes vorlag, eine Rente also nicht zu zahlen war. Ein Dauererfolg, wenn dieser Zustand innerhalb der Nachprüfungszeit bestehen blieb. Durch Feststellung des Krankheitsbildes auf Grund der seit 1908 eingeführten Turban-Gerhardtschen (Kaiserliches Gesundheitsamt) Stadieneinteilung[32]) veranschaulicht die Statistik neben den wirtschaftlichen auch die Heilerfolge im ärztlichen Sinne. Abgesehen von der erstmaligen Untersuchung am Schlusse des Behandlungsjahrs fand bisher eine allgemeine ärztliche Nachprüfung der Behandelten nicht statt. Die mit Unterstützung von beamteten Stellen, Krankenkassen, Herzten und der Versicherten selbst durchgeführten Erhebungen der Versicherungsanstalten haben sich zunächst als ausreichend erwiesen. Bis 1909 wurde fünfmal, das erstemal am Schlusse des Behandlungsjahrs und sodann je am Schlusse der nächsten vier Jahre nachgeprüft. Seit 1910 aber außer am Schlusse des ersten Jahres nach dem Behandlungsjahre nur noch zweimal in Abständen von je zwei Jahren.

In den Jahren 1897 bis 1909 betrug der Anfangserfolg bei allen Kranken durchschnittlich 78 v. H., bei den im Jahre 1910 Behandelten nach Abzug der vorzeitig aus der Heilbehandlung Entlassenen und der bloß Tuberkuloseverdächtigen sogar 90 v. H.[33]). Die Tuberkuloseverdächtigen werden jetzt statistisch besonders erfaßt. Dabei ist zu bemerken, daß bei mehreren Versicherungsanstalten zur sicheren Feststellung, ob überhaupt Tuberkulose vorliegt, die Kranken vor Einleitung des eigentlichen Heilverfahrens in Vor- oder Beobachtungsstationen untergebracht werden[34]).

Auch die Dauererfolge sind erfreuliche und werden durch sorgfältigere Auswahl der Kranken und vollkommenere Ausgestaltung des Heilverfahrens fortgesetzt erhöht. Es waren noch erwerbsfähig von den Behandelten des Jahres 1905 Ende 1906 64, von dem Jahrgang 1907 Ende 1908 66, von dem Jahrgang 1909 Ende 1910 69 v. H. der Behandelten. Ende 1910 war es noch bei 43 v. H. der 1905 Behandelten der Fall. Die Frauen weisen durchweg bessere Dauererfolge auf als die Männer. Der Dauererfolg bei allen von 1897 bis einschließlich 1905 Behandelten betrug am Schlusse jedes letzten Nachprüfungsjahrs im Durchschnitt 37 v. H.[35]).

Daß auch wesentliche Heilerfolge im ärztlichen Sinne erzielt wurden, ergibt die Anwendung der Turban-Gerhardtschen (Kaiserliches Gesundheitsamt) Stadieneinteilung auf die 1909 und 1910 abgeschlossene Heilbehandlung. In diesen Jahren war nach der Behandlung die Zahl in den Stadien II und III insgesamt um 8 und 12 v. H. vermindert. Das Stadium I hatte sich um 5 und 6 v. H. verbessert, und bei anderen 3 und 6 v. H. waren Merkmale der Stadien I bis III überhaupt nicht mehr festzustellen[36]).

Die Statistik des Reichsversicherungsamts beweist, daß in den Heilstätten durch eine gesundheitsgemäße Lebens- und Ernährungsweise in Verbindung mit der besonderen Tuberkulosebehandlung bei leichteren Krankheitsfällen eine auf Jahre hinaus andauernde Besserung erzielt wird. Daß hierdurch die Kranken noch längere Zeit für sich und die Ihrigen tätig sein können, ist ein für die Volkswirtschaft wichtiges Ergebnis. Denn die von der Tuberkulose am stärksten befallenen Jahrgänge sind die für das Erwerbsleben wertvollsten. Für die Annahme, daß die meisten dieser Kranken auch ohne Heilstättenbehandlung bei erträglichen Arbeits- und Lebensbedingungen noch einige Jahre arbeitsfähig geblieben wären, müßte ein Nachweis erst geführt werden. Wenn von Dauererfolgen gesprochen wird, muß allerdings vorausgesetzt werden, daß der Kranke nach Rückkehr zur Arbeit seinem Zustand angemessen lebt und Schädlichkeiten wie Alkohol und dergleichen meidet. Hierfür ist es aber von wesentlicher Bedeutung, daß die Kranken in den Heilstätten eine Art von gesundheitlicher Erziehung genießen, die sie über den Wert einer geordneten Lebensführung aufklärt und mit Ansteckungsstoffen, insbesondere dem eigenen Auswurf, vorsichtig umgehen lehrt. Die Kenntnis dieser wichtigen Verhaltungsmaßregeln, welche die Kranken auch ihren Familien vermitteln, geht nach und nach in das Volksbewußtsein über[37]). Die Lungenheilstätten sind hierdurch wahre Pflanzschulen einer verständigen Vorbeugung geworden.

Die in den Heilstätten angewendeten Heilversuche haben endlich zur Sammlung reicher Erfahrungen und zur Verbesserung der Behandlungsweisen Gelegenheit geboten. Dafür muß ihnen die allgemeine Volkswohlfahrt gleichfalls danken.

Nach alledem dürfen die Heilstätten als starke, wohlerprobte Glieder in der Kette der Kampfmittel gegen die Tuberkulose angesehen werden. Sie werden voraussichtlich noch für lange Zeit unentbehrlich bleiben. Vereinzelte Ueberschreitungen in der Anlage und Ausstattung von Heilstätten waren nicht von wesentlicher Bedeutung. Große neue Bewegungen leiden in ihren Anfängen nicht selten an einer gewissen Ueberspannung. Erst die Erfahrung lehrt das richtige Maß halten. Sicherlich soll in den Heilstätten an Gediegenheit und Bequemlichkeit der Anlage und Einrichtung, an Art und Güte der Kost nicht gespart werden. Das Beste ist für die Pfleglinge gerade gut genug. Prunkvoller Aufwand ist aber wie überall auch hier zu vermeiden. In dieser Hinsicht waren auch später Anstände nicht mehr zu erheben.

Mit Recht durfte Bernhard Fränkel[38]) den starken Rückgang der Tuberkulosesterblichkeit in Preußen von im Jahre 1880 30,89 auf im Jahre 1910 15,29 von 10 000 Lebenden mit der Mitte der achtziger Jahre einsetzenden Heilstättenbewegung in Verbindung bringen. Fränkel hat gewiß nicht verkannt, daß dabei auch die

Zunahme unseres allgemeinen Wohlstandes eine erhebliche Rolle gespielt hat. Auf den mächtigen Aufschwung der deutschen Volkswirtschaft in den letzten Jahrzehnten hat aber wiederum die erfolgreiche Behandlung der sozialen Fragen, besonders der Arbeiterversicherung, als mitbestimmende Ursache eingewirkt. Insofern hat die neue Gesetzgebung auch mittelbar zur Abnahme der Tuberkuloseſterblichkeit beigetragen[39]).

Trotz voller Würdigung der bisherigen Heilmaßnahmen konnte aber von ihnen allein die Ueberwindung der Tuberkulose nicht erwartet werden. Das hieße Unmögliches verlangen. Abgesehen davon, daß die Versicherungsanstalten die für die Heilstättenfürsorge besonders wichtige und dankbare Gruppe der tuberkulösen Kinder bisher nicht erfaſſen konnten, sind der Wirksamkeit der Heilstätten überhaupt natürliche Grenzen gezogen. Sie dienen, wie schon ihr Name sagt, Heilzwecken und sind nur eine der Waffen im Kampfe. Große Maſſen der Feinde erreichen sie überhaupt nicht. Die Heilstättenbehandlung mußte ihre notwendige Ergänzung durch eine Fürsorge für unheilbare Tuberkulöse erhalten.

Hierzu fehlte den Versicherungsanstalten zunächſt eine geſetzliche Handhabe. Erst durch das Invalidenversicherungsgeſetz vom 13. Juli 1899 iſt die Bahn frei geworden. Dieſes Geſetz ermächtigte die Verſicherungsanstalten, Rentenempfängern auf Antrag anstatt der Rente Aufnahme in ein Invalidenhaus zu gewähren[40]). Die Verhältniſſe haben hier einen dem vorbeugenden Heilverfahren ähnlichen Verlauf genommen. Die neue Vorschrift, welche zunächſt alte oder kränkliche alleinstehende Rentenempfänger im Auge hatte, bot in ihrer weiteren Ausgestaltung die Formel zur Deckung der Kosten für durchgreifende Einrichtungen der Versicherungsanstalten zu Gunsten von Lungenkranken vorgeschrittenen Grades. Ungefähr die Hälfte der Anstalten gewährt jetzt lungenkranken Rentenempfängern die Möglichkeit der Aufnahme in ein Invalidenhaus oder eine ähnliche Anstalt. Die Zahl solcher Ueberweisungen steigt fortgesetzt. Gegenüber 402 im Jahre 1907 betrug sie 1110 im Jahre 1911. Da die Kranken im allgemeinen nur ungern aus dem Kreise ihrer Familie scheiden und ihre Lebensgewohnheiten ändern, ist die wachsende Zahl der Überweisungen besonders erfreulich.

Den Eintritt in ein Invalidenhaus erschweren den Kranken oft Sorgen wegen des Unterhalts der Familie. Ihr kommt, solange die Kranken keine Anstalt aufsuchen, die Rente zugute, zu der manche Rentenempfänger noch einen kleinen Zuschuß verdienen können. Beides fiel bis jetzt weg, sobald die Kranken in ein Pflegeheim eintraten. Die Reichsversicherungsordnung hat hierin eine wertvolle Änderung gebracht, indem sie den Versicherungsanstalten gestattet, die Rente den Pfleglingen teilweise zu belassen. Der weiteren Entwicklung der Fürsorge für unheilbare Tuberkulöse wird diese neue Vorschrift förderlich sein.

Von den im Jahre 1911 in dauernde Anstaltspflege genommenen 1110 lungenkranken Rentenempfängern entfielen 450 auf die Rheinische Versicherungsanstalt[41]). Die Erfahrungen dieser Anstalt sind deshalb hier von besonderem Interesse. Sie bringt die Kranken in Pflegeheimen für vorgeschrittene Lungenkranke, in kleineren ländlichen Krankenhäusern oder in besonderen Krankenhäusern für Lungenkranke aller Grade unter. Am besten haben sich der zweite und dritte Weg bewährt.

Ein abgelegenes Invalidenhaus kann Lungenkranke nicht dauernd fesseln. Ständige ärztliche Behandlung hält die Versicherungsanstalt für unentbehrlich. Ohne sie würden alle Heime für Tuberkulöse nur Siechenhäuser bleiben. Die Kranken haben möglichste Bewegungsfreiheit. Man vermeidet unnötigen Zwang. Die Kranken werden soweit tunlich in ihrer engeren Heimat untergebracht. Die hierfür benutzten ländlichen Krankenhäuser brauchen nach den rheinischen Erfahrungen nicht immer von vornherein erstklassige zu sein. Sie können meist schon bald mit Hilfe der Pflegesätze, nötigenfalls auch billiger Darlehen der Versicherungsanstalt zu zweckmäßigen Verbesserungen, zur Einrichtung von Liegehallen, Veranden und dergleichen, übergehen. Zurzeit werden 22 ländliche Krankenhäuser von der Versicherunganstalt belegt. Diese bedingt auch bei Darlehensbewilligungen zum Baue neuer ländlicher Krankenhäuser geeignete Vorkehrungen für eine spätere Aufnahme von Lungenkranken aus.

Der Gesichtspunkt der Absonderung der Kranken tritt gegenüber dem der Hilfe zurück. Die Pflege ist eine persönlich anteilnehmende, was auch auf das körperliche Befinden der Kranken günstig einwirkt. Diese sind in Zimmern von höchstens vier bis sechs Betten untergebracht. Jedem Kranken steht ein abgeteilter Raum zur Verfügung. Besonders schwer Erkrankte erhalten Einzelzimmer. Tuberkulöse mittlerer Grade werden stundenweise mit leichter Haus-, Garten- oder Handarbeit beschäftigt. Die Pflegesätze sind verhältnismäßig niedrige und betragen durchschnittlich täglich 1,80 Mark. Die Unkosten für Arzt, Apotheke und Kleidung sind einbegriffen. So geringe Pflegesätze lassen sich aber nur erzielen, wenn von den Krankenhäusern anfangs nicht zu viel verlangt wird.

Für die Unterbringung von Tuberkulösen aller Grade benutzt die Rheinische Versicherungsanstalt die am 1. September 1908 eröffnete, für 160 Kranke beiderlei Geschlechts eingerichtete St. Franziskus-Heilstätte bei München-Gladbach. Dort ist es gelungen, der fast unüberwindlich erschienenen Schwierigkeiten einer Unterbringung siecher Tuberkulöser Herr zu werden. „Solche Anstalten", so heißt es in einem Berichte des Oberarztes dieser Heilstätte, „werden von den Schwerkranken aufgesucht, wenn in ihnen das Prinzip der Heilung in den Vordergrund gestellt wird und dies auch dadurch in die Erscheinung tritt, daß leichtere heilbare Fälle mit den schwereren untergebracht und behandelt werden. Denn unsere Erfahrungen haben gezeigt, daß wir die Schwerkranken so lange in der Anstalt halten, als es uns gelingt, ihnen die Hoffnung auf Heilung oder Besserung ihres Leidens zu erhalten"[42]).

Im Großherzogtume Hessen stieg die Zahl der in besonderen Abteilungen von Krankenhäusern aufgenommenen tuberkulösen Rentenempfänger von 16 im Jahre 1907 auf 94 im Jahre 1911. Die starke Zunahme war neben ausgiebiger Belehrung der Bevölkerung durch ein Tuberkulose-Wandermuseum und der Aufklärungsarbeit der Fürsorgestellen einer besonderen Fürsorgeeinrichtung für die Familien der Kranken zu danken[43]).

Eine der St. Franziskus-Heilstätte ähnliche Anlage ist das Heidehaus bei Hannover. Es ist Heilstätte, Beobachtungsstation für Kranke, die bei der Versicherungsanstalt wegen Lungentuberkulose die Uebernahme eines Heilverfahrens beantragt haben, und Krankenhaus für Tuberkulöse vorgeschrittenen Grades. Die Anstalt besteht aus einer Mehrzahl von kleinen Gebäuden, wobei Männer und Frauen und auch die Kranken der verschiedenen Grade getrennt sind. Die Beobachtungsstation enthält große Krankensäle, während die zum längeren Aufenthalte von Kranken bestimmten Räume kleine Zimmer aufweisen. Um die Unterbringung tunlichst vieler Kranken zu einem verhältnismäßig geringen Verpflegungssatze zu ermöglichen, ist die Bauweise denkbar einfach. Trotz des kurzen Bestehens der Anstalt ist schon ihre Erweiterung notwendig geworden. Die Versicherungsanstalt Hannover brachte im Jahre 1910 im Heidehaus 30 schwer Lungenkranke unter. Außerdem hat der Provinzialverein zur Bekämpfung der Tuberkulose in Hannover der Versicherungsanstalt die Aufnahme der zum Eintritt in ein Invalidenhaus bereiten Schwerkranken in alle übrigen hierfür geeigneten Anstalten der Provinz zugesagt. Die Versicherungsanstalt schießt zu den Kosten bis zu 2 Mark täglich zu. Den Rest und eine etwa nötige Angehörigenunterstützung übernehmen die Kommunalverbände.

Eine größere Anzahl von tuberkulösen Invalidenrentnern (1911: 243) wird auch in Schlesien in Anstalten untergebracht. Es stehen für diesen Zweck 141 Betten bereit[44].

Da in Preußen im Jahre 1909 die Zahl der in allgemeinen Krankenhäusern gestorbenen Tuberkulösen zugenommen und annähernd 9000 erreicht hat, so ist zu hoffen, die Abneigung vieler Kreise der Bevölkerung gegen die Aufnahme in Krankenhäuser, die in anderen Anstaltsbezirken der Durchführung der Invalidenhauspflege noch entgegenwirkt, allmählich zu überwinden. Es bemühen sich deshalb neuerdings auch die großen Städte, ihre allgemeinen Krankenanstalten durch besondere Tuberkulosekrankenhäuser zu entlasten. So beabsichtigt Berlin ein Krankenhaus mit 500 Betten (erweiterungsfähig auf 1000 Betten) für Lungenkranke verschiedener Grade zu errichten. Charlottenburg hat den Bau eines Tuberkuloseheims für 200 (erweiterungsfähig auf 300) Betten in Angriff genommen. Es ist in erster Linie bestimmt für schwer

Lungenkranke und für alle nicht mehr für Heilstättenbehandlung geeigneten Kranken. Auch leichteren Kranken, die in Heilstätten aus Platzmangel nicht sofort Unterkunft finden, und solche, die aus Heilstätten entlassen sind, aber noch längerer Schonung bei geeigneter Pflege und Ernährung bedürfen, sollen Aufnahme finden. Breslau und Cöln planen gleichfalls Tuberkulosekrankenhäuser[45]).

Die Versicherungsanstalten verfolgten den Feind bis in die Arbeitsstätten und Wohnungen. Bekanntlich werden Entstehung und Verbreitung der Lungentuberkulose wesentlich durch die Art der Beschäftigung, die Beschaffenheit der Werkstätte und der Wohnung gefördert. Die ersten beiden Umstände sind dem Einfluß der Versicherungsanstalten im wesentlichen entzogen. Immerhin haben sie gegenüber Angehörigen bestimmter, durch ihre Arbeit einer Erkrankungsgefahr besonders ausgesetzter Berufsgruppen, beispielsweise bei Steinhauern, die Uebernahme eines Heilverfahrens von dem Berufswechsel des Versicherten abhängig gemacht. Auch auf gesundheitlich einwandfreie Gestaltung der Arbeitsräume können die Versicherungsanstalten nur mittelbar einwirken. Um so mehr waren sie eingedenk der Mahnung Robert Kochs, daß die Tuberkulose eine Krankheit der Wohnung und eigentlich des Schlafzimmers sei, auf Verbesserung der Wohnungsverhältnisse bedacht.

Für die Größe des Wohnungselendes mögen zwei Beispiele statt vieler sprechen. Das statistische Amt der Stadt Berlin hat für die Jahre 1906 bis 1908 berechnet[46]), daß von etwa 1850 jährlich an Tuberkulose verstorbenen Personen 40,6 v. H. Einzimmerwohnungen und 41,7 v. H. Zweizimmerwohnungen inne hatten. Zahlreiche Angehörige und Schlafstelleninhaber teilten diese Wohnungen mit den Schwerkranken und wurden dadurch der höchsten

Ansteckungsgefahr ausgesetzt. Mit ländlichen Wohnungsverhältnissen befaßt sich eine Veröffentlichung des Professors Jacob[47]) in Berlin. Er hat den Kreis Hümmling im Regierungsbezirk Osnabrück, der seit Jahren die höchste Tuberkuloseterblichkeit in Preußen zeigt, untersucht. Dabei stellte er fest, daß von 3500 Häusern mindestens drei Viertel in gesundheitlicher Beziehung zu beanstanden waren. Besonders gilt dies von den Schlafstätten der dortigen Bevölkerung, den sogenannten Butzen. Es sind in die Wand eingelassene, meist durch eine Tür vollständig abgeschlossene Nischen, in denen zwei, drei und mehr Menschen, gesunde und kranke, die Nächte verbringen.

Auf eine Verwirklichung des Gedankens, das Wohnungselend lediglich durch Bautätigkeit zu überwinden, wird wegen der unerschwinglich hohen Kosten, die dazu erforderlich sein würden, in absehbarer Zeit kaum gerechnet werden können. Gleichwohl muß dahin gestrebt werden, diesem Ziele so nahe wie möglich zu kommen. Die verständnisvollen Bemühungen der kapitalkräftigen Versicherungsanstalten waren deshalb auch für die Wohnungsfürsorge von besonderem Werte. Sie sind vom Reichsversicherungsamte stets unterstützt worden, soweit es ohne Gefährdung der nächsten und eigentlichen Aufgabe der Versicherungsanstalten, der Zahlung der gesetzlich vorgesehenen Renten, eben anging. Die Mittel der Versicherungsanstalten kamen darlehnsweise meist Baugenossenschaften oder gemeinnützigen Vereinen zugute. Daneben auch Gemeinden, Arbeitgebern und in nicht geringer Zahl Versicherten selbst. Bis zum Schlusse des Jahres 1911 betrugen diese Darlehen 362 Millionen Mark, davon 225 Millionen für Baugenossenschaften und ähnliche Unternehmungen und fast 72 Millionen für einzelne Versicherte. Der Rest entfiel auf Gemeindeverbände mit

44 und auf Arbeitgeber mit 21 Millionen Mark[48]). Wer die mit diesen Mitteln hergestellten Häuser besucht hat, in deren freundliche Wohnungen Luft und Licht einströmt, und die, wo es die räumlichen Verhältnisse zulassen, mit kleinen Gärten ausgestattet sind, hat eines der wirksamsten Mittel zur Bekämpfung der Tuberkulose kennen gelernt. Die Versicherungsanstalten stellen aber nicht nur Baulustigen Gelder zur Verfügung. Sie sorgen auch dafür, daß in der Einrichtung und, was fast noch wichtiger, in der Benutzung der Häuser bewährten gesundheitlichen Erfahrungen Rechnung getragen wird. In den Darlehnsbedingungen ist deshalb meist geregelt, ob und in welcher Zahl die Mieter dieser Wohnungen Schlafgänger annehmen dürfen.

In neuester Zeit beschäftigen sich die Versicherungsanstalten auch mit der Entseuchung von Wohnungen[49]), in denen ein Lungenschwindsüchtiger gewohnt hat oder gestorben ist. Auf Anregung des Reichsversicherungsamts haben sie zahlreiche Fürsorgestellen und Gemeindepflegestationen verpflichtet, die ihnen gewährten Zuschüsse auch zur Wohnungsentseuchung zu verwenden. Wie segensreich die von den Versicherungsanstalten im Jahre 1910 mit Zuschüssen in Höhe von rund 300 000 Mark bedachten Fürsorgestellen auf dem Gebiete der Wohnungshygiene, namentlich durch Beschaffung von besonderen Lagerstätten für die Kranken wirkten, kann hier nur angedeutet werden[50]). Noch viel umfassender könnten sich diese Maßnahmen gestalten, wenn eine allgemeine Anzeigepflicht auch für die Fälle der ansteckenden Erkrankung an Tuberkulose eingeführt würde.

Neben den Fürsorgestellen ist der Gemeindekrankenpflegerinnen zu gedenken. Auf dem Lande führen sie vielfach außer der allgemeinen Krankenbehandlung die Geschäfte der

Fürsorgestellen und gehen ihrem schweren Beruf mit der dem Weibe eigenen Aufopferung und Selbstverleugnung nach, die das Gute nur um des Guten willen tut. Auch diese Einrichtung ist in erfreulichem Aufschwung begriffen. Die Zuschüsse der Versicherungsanstalten für sie sind von 214 000 Mark im Jahre 1908 auf 340 000 Mark im Jahre 1910 gestiegen[51]).

Um den besonders schwierigen großstädtischen Verhältnissen gerecht zu werden, hat die Versicherungsanstalt Berlin[52]) seit 1909 drei eigene Tuberkulosestationen eingerichtet. Sie geht bei Ermittlung der Tuberkuloseherde von den ihr bekannten tuberkulösen Rentenempfängern und denjenigen Versicherten aus, welche die Einleitung eines Heilverfahrens bei ihr beantragen. Um den gesamten Krankenbestand zu erfassen, hat sie die Mitwirkung der Krankenkassen in Anspruch genommen. Diese teilen der Versicherungsanstalt jeden Fall der Erkrankung eines Mitglieds an Tuberkulose mit. Die der Station Ueberwiesenen werden ärztlich untersucht und gegebenenfalls einer Heilstätte oder einer Walderholungsstätte überwiesen, auch wenn sie dies nicht ausdrücklich beantragt haben. Hierdurch werden für die Heilbehandlung aussichtsvolle Fälle gewonnen. Nach der ärztlichen Untersuchung begibt sich die Fürsorgeschwester in die Wohnung des Kranken und erteilt diesem und seinen Angehörigen geeignete Verhaltungsmaßregeln, insbesondere hinsichtlich der Beseitigung des Auswurfs. Die Schwerkranken werden in der Regel mindestens einmal im Monat besucht. Diese Besuche sind allgemein willkommen. Sie stoßen nur auf Schwierigkeiten, wenn die Kranken Untermieter sind. Sie fürchten nämlich dann, daß ihnen gekündigt wird. Die nun folgenden Fürsorgemaßnahmen richten sich danach, ob der Kranke an offener Tuberkulose leidet oder nicht. Wenn es erforderlich ist, wird dem Kranken leihweise ein Bett zur Verfügung gestellt. Tunlichst wird dahin gewirkt, daß er in einem besonderen Zimmer schläft. Zu diesem Zwecke gibt die Versicherungsanstalt Zuschüsse, teils um ein Zimmer hinzuzumieten, teils um Schlafgänger aus der Wohnung zu entfernen. Ist die Unterbringung des Kranken in einem besonderen Zimmer nicht möglich, dann wird wenigstens ein Bettschirm aus Eisenblech leihweise geliefert. Beim Wohnungswechsel oder bei Ueberführung des Kranken in eine Heilstätte oder in ein Krankenhaus wird die Wohnung entseucht. Formalindesinfektionen finden auch bei den in ihren Wohnungen verbleibenden Schwerkranken von Zeit zu Zeit statt. Außerdem sucht die Versicherungsanstalt den Kranken Einrichtungen der nicht öffentlichen Wohltätigkeit zugänglich zu machen. Es handelt sich dabei beispielsweise um Stiftungen, aus deren Mitteln Krankenkost verabreicht wird. Die Tuberkulosestationen wenden ihre Fürsorge auch den Angehörigen der Kranken zu. Diese werden ärztlich untersucht, und es ist ein besonders erfreulicher Erfolg der planmäßigen Tuberkulosebekämpfung, daß hierbei anscheinend noch gesunde, in Wirklichkeit aber frisch angesteckte Personen ermittelt und einer rechtzeitigen Heilbehandlung zugeführt werden. Um einen Anhalt für die Verbreitung der Tuberkulose in den einzelnen Häusern und eine Uebersicht darüber zu gewinnen, ob eine Verbesserung der Gesundheitsverhältnisse in besonders gefährdeten Wohnhäusern erreicht wird, werden Häuserlisten geführt. Außerdem wird auf einem Stadtplan, in dem jedes einzelne Grundstück eingezeichnet ist, vermerkt, ob auf dem Grundstück offene oder geschlossene Tuberkulose oder ein Todesfall an Tuberkulose festgestellt ist. Für diese Fürsorgemaßnahmen hat die Berliner Versicherungsanstalt im

Jahre 1910 45 000 Mark und im Jahre 1911 70 000 Mark ausgegeben.

Die bisherige umfassende Betätigung der Versicherungsanstalten auf dem Gebiete des Heilverfahrens ist bei Beratung der Reichsversicherungsordnung gebilligt worden. Da aber § 18 des Invalidenversicherungsgesetzes vom 13. Juli 1899, auf den sich dieses Vorgehen zum großen Teile allein stützen konnte, ausdrücklich nur die Heilfürsorge im Einzelfalle betrifft, so ist, um für Unternehmungen allgemeiner Art auf diesem Gebiete einen festen Boden zu schaffen, die Vorschrift des § 1274 in die Reichsversicherungsordnung aufgenommen worden. Nach ihr kann die Versicherungsanstalt mit Genehmigung der Aufsichtsbehörde Mittel aufwenden, um allgemeine Maßnahmen zur Verhütung des Eintritts vorzeitiger Invalidität unter den Versicherten oder zur Hebung der gesundheitlichen Verhältnisse der versicherungspflichtigen Bevölkerung zu fördern oder durchzuführen.

Wie bereits bemerkt wurde, bilden eine für die Tuberkulösenfürsorge besonders wichtige Gruppe die tuberkulösen Kinder.

Die Krankenkassen gewährten schon nach bisherigem Rechte erkrankten Angehörigen der Kassenmitglieder, darunter auch jugendlichen Tuberkulösen, freie ärztliche Behandlung, Arznei und sonstige Heilmittel. Ebenso erfaßte die Unfallversicherung auch die Hinterbliebenen der durch Betriebsunfälle getöteten Personen. Die Berufsgenossenschaften zahlten im Jahre 1910 etwa 14,0 Millionen Mark Witwen- und 16,5 Millionen Mark Kinderrenten, zu denen noch sonstige Aufwendungen an Hinterbliebene (Sterbegeld, Witwenabfindungen usw.) im Betrage von 2,5 Millionen Mark hinzutraten[53]). Auch manchen tuberkulösen Kindern werden diese Aufwendungen zugute gekommen sein.

Mit der Invalidenversicherung war eine Hinterbliebenenfürsorge zunächst noch nicht verbunden. Erst mit dem 1. Januar 1912 ist sie ins Leben getreten. Aehnlich wie bei der Unfallversicherung erstreckt sie sich auf Witwen und auf Waisen unter 15 Jahren, in gewissen Fällen auch auf elternlose Enkel.

Die Versicherungsanstalten können ein Heilverfahren, das bisher nur zu Gunsten der Versicherten zulässig war, jetzt auch bei Witwen von Versicherten durchführen, um drohende Invalidität zu verhindern oder bereits eingetretene zu beseitigen. Wenn sie ferner früher nur Invalidenrentenempfänger in Invalidenhäusern oder ähnlichen Anstalten unterbringen konnten, dürfen sie fortan auf Antrag auch rentenberechtigte Waisen einem Waisenhaus, einem Kinderheim oder einer ähnlichen Anstalt überweisen. Es wird ihnen hierdurch eine für die körperliche und sittliche Erziehung der Waisen bedeutsame neue Betätigung eröffnet. Insbesondere werden sie nunmehr die Heilfürsorge auch auf Waisenrentenempfänger ausdehnen und damit den Kampf gegen die Tuberkulose auf der ganzen Linie führen können. Freilich wird es nicht immer leicht sein, die Witwen zum Antrag auf Unterbringung der Waisen zu bewegen. Gemeindeschwestern, Auskunfts- und Fürsorgestellen, Armenverwaltungen und äußerstenfalls die Vormundschaftsgerichte werden hier aufklärend zu wirken haben[54]).

An die Seite der Versicherungsanstalten ist jüngst als ein neuer kraftvoller Gefährte im Tuberkulosekampfe die Reichsversicherungsanstalt für Angestellte getreten. Nach dem Reichsgesetze vom 20. Dezember 1911 unterfallen Angestellte in leitender oder doch gehobener Stellung, Handlungsgehilfen und Gehilfen in Apotheken, Bühnen- und Orchestermitglieder, Lehrer und Erzieher sowie gewisse Gruppen der Schiffsbesatzung mit einem Jahresarbeitsverdienste bis zu fünftausend Mark der neugeschaffenen Zwangsversicherung. Von besonderer Bedeutung ist es, daß das Gesetz in Anlehnung an die Invalidenversicherung zur Abwendung einer drohenden oder zur Wiederherstellung einer eingetretenen Berufsunfähigkeit ein Heilverfahren zugelassen hat. Mit diesem soll schon bald nach dem Inkrafttreten des Gesetzes begonnen werden. Man beabsichtigt, etwa 7,5 Millionen Mark jährlich für diesen Zweck aufzuwenden[55]). Nach den Erfahrungen bei der Invalidenversicherung über die Verteilung der Gesamtkosten für die Behandlung von Lungentuberkulösen und von anderen Kranken werden annähernd zwei Drittel dieser Summe, also ungefähr weitere 5 Millionen Mark jährlich, für den Kampf gegen die Tuberkulose zur Verfügung stehen. Daß dadurch in Zukunft auch weite Kreise des Mittelstandes, unter deren Angehörigen diese Krankheit viele Opfer fordert, eine planmäßige Tuberkulosenfürsorge genießen werden, ist besonders zu begrüßen. Uebrigens sieht die Angestelltenversicherung auch eine Hinterbliebenenversorgung vor, und es können die Empfänger von Waisenrenten, die hier bis zum vollendeten achtzehnten Lebensjahre laufen, gleichfalls auf Antrag in einem Waisenhaus oder in einer ähnlichen Anstalt untergebracht werden.

In der ewigen Stadt, die ihm, wie vielen anderen Deutschen, eine zweite Heimat geworden, gedenken wir gern unseres Goethe. Mit seinen Worten aus einem Neujahrsgedichte

        Und das Vergangene
        Heißt mit Vertrauen
        Vorwärts zu schauen,
        Schauen zurück

möchte ich deshalb auch meine Ausführungen schließen.

Erfreulich war die Rückschau auf die Betätigung der Versicherungsträger im Kampfe gegen die Tuberkulose, hoffnungsvoll ist der Ausblick auf ihr zukünftiges Wirken. Nachdem durch eine planmäßig fortschreitende Gesetzgebung immer weitere Kreise der erwerbstätigen Bevölkerung bis tief in den Mittelstand von der öffentlichrechtlichen Versicherung erfaßt wurden, die Heilfürsorge der Versicherungsanstalten auf unheilbare Tuberkulöse und auf tuberkulöse Kinder ausgedehnt, auch die Wohnungsfrage nachdrücklich in Angriff genommen worden ist, beginnt der Ring sich zu schließen.

Kaum je war eine Zeit von dem kategorischen Imperativ der sozialen Pflicht so durchdrungen und deshalb auch zu einer Lösung sozialer Probleme so befähigt wie die gegenwärtige. Der Sieg über die Tuberkulose als Volksseuche ist in Deutschland kein schöner Traum mehr. Er wird uns beschieden sein, wenn wir weiter arbeiten opferfreudigen und barmherzigen Sinnes, geleitet von den Empfindungen jener hohen Liebe „che muove il sole e l'altre stelle".

Bemerkungen.

Abkürzungen:
Festschrift = Das Reichsversicherungsamt und die Deutsche Arbeiterversicherung. Festschrift des Reichsversicherungsamts zum Jubiläum der Unfall- und der Invalidenversicherung 1910. Mit 8 Bildtafeln. Berlin, Behrend & Co., 1910. — Wirkungskreis = Geschichte und Wirkungskreis des Reichsversicherungsamts. Leipzig, Breitkopf & Härtel 1911. — A. N. d. R. V. A. = Amtliche Nachrichten des Reichsversicherungsamts, Verlag von Behrend & Co., Berlin. — Mbl. f. A. V. = Monatsblätter für Arbeiterversicherung, herausgegeben von Mitgliedern des Reichsversicherungsamts, Verlag von Behrend & Co., Berlin. — R. V. O. = Reichsversicherungsordnung.

1. Es kommen folgende Gesetze in Betracht

   a) für die Krankenversicherung:

   vom 15. Juni 1883 (Reichs-Gesetzblatt Seite 73),
   ,, 10. April 1892 (,, ,, ,, 379),
   ,, 30. Juni 1900 (,, ,, ,, 332),
   ,, 25. Mai 1903 (,, ,, ,, 233);

   b) für die Unfallversicherung:

   vom 6. Juli 1884 (Reichs-Gesetzblatt Seite 69),
   ,, 28. Mai 1885 (,, ,, ,, 159),
   ,, 5. Mai 1886 (,, ,, ,, 132),
   ,, 11. Juli 1887 (,, ,, ,, 287),
   ,, 13. Juli 1887 (,, ,, ,, 329),
   ,, 30. Juni 1900 (,, ,, ,, 573);

   c) für die Invalidenversicherung:

   vom 22. Juni 1889 (Reichs-Gesetzblatt Seite 97),
   ,, 13. Juli 1899 (,, ,, ,, 463);

   d) für alle drei Versicherungszweige:

die Reichsversicherungsordnung vom 19. Juli 1911 (Reichs-Gesetzblatt S. 509).

2. Dr. Kaufmann, Fünfundzwanzig Jahre Unfall- und Invalidenverficherung. Rede bei der Jubelfeier der Unfall- und Invalidenverficherung am 1. Oktober 1910. Behrend & Co., Berlin.

3. Nach der Berufszählung sind im Jahre 1907 15 022 538 gegen Invalidität und Alter Verficherte (10 414 713 Männer und 4 607 825 Frauen) ermittelt. Diese Zahl ist auf Grund der Bevölkerungszunahme fortgeschrieben.

4. Zur Durchführung der Unfallverficherung bestehen 66 gewerbliche und 48 landwirtschaftliche Berufsgenossenschaften, ferner 210 Reichs- und Staats-Ausführungsbehörden für Reichs- und Staatsbetriebe (darunter 55 für die land- und forstwirtschaftliche Verwaltung) sowie 346 Provinzial- und Kommunal-Ausführungsbehörden. Vgl. auch Festschrift S. 37 ff. „Die Verficherungsträger."

5. Die Durchführung der Invaliden- und Hinterbliebenenverficherung erfolgt durch 31 Verficherungsanstalten, die in Anlehnung an die Staats- und Kommunal-Verwaltung für örtliche Bezirke errichtet sind. An Stelle der Verficherungsanstalten können ausnahmsweise andere Anstalten, welche ihren Mitgliedern und deren Hinterbliebenen mindestens eine gleichwertige Fürsorge gewähren, durch den Bundesrat als Verficherungsträger zugelassen werden. Zurzeit bestehen 9 derartige Sonderanstalten für Eisenbahn- und Bergwerksbetriebe und außerdem die Sonderanstalt der See-Berufsgenossenschaft.

6. Es wurden verausgabt von der

a) Krankenverficherung:

	1885/1910	1910
insgesamt	4 351 764 834 Mark	357 391 390 Mark
und zwar für		
Arzt usw.	925 818 586 „	80 702 967 „
Arznei und Heilmittel	667 553 217 „	51 705 185 „
Krankengelder an Mitglieder	1 882 339 702 „	146 161 738 „
Angehörige	45 233 369 „	5 713 440 „
Wöchnerinnen	70 177 111 „	6 439 454 „
Krankenhaus und Rekonvaleszenz	563 694 195 „	53 098 451 „
Sterbegeld	130 300 338 „	8 263 388 „
Sonstige Leistungen	66 648 316 „	5 306 767 „

b) Unfallversicherung:

	1885/1910		1910	
insgesamt	1 972 734 368	Mark	164 425 428	Mark
und zwar für				
Heilverfahren	48 407 264	„	3 697 701	„
Fürsorge in der Wartezeit	11 689 782	„	1 098 608	„
Heilanstalt	72 292 620	„	5 077 800	„
Angehörigenrente	19 739 467	„	1 425 220	„
Verletztenrente	1 422 166 316	„	118 026 930	„
Inländer-Abfindung	14 317 649	„	1 880 024	„
Sterbegeld	11 087 599	„	674 653	„
Hinterbliebenenrente	355 605 053	„	31 246 227	„
Witwenabfindung	13 232 761	„	1 018 622	„
Ausländer-Abfindung	4 195 857	„	279 643	„

c) Invalidenversicherung:

	1891/1910		1910	
insgesamt	2 068 432 161	Mark	196 825 505	Mark
und zwar für				
Heilverfahren	152 571 759	„	21 102 166	„
außerordentliche Leistungen	7 649 118	„	1 535 218	„
Invalidenhauspflege	3 668 419	„	770 783	„
Invalidenrente	1 331 596 144	„	145 588 670	„
Krankenrente	29 248 583	„	3 387 713	„
Altersrente	438 528 956	„	15 010 869	„
Beitragserstattungen bei				
Heirat	72 749 405	„	5 898 425	„
Unfall (seit 1900)	486 602	„	48 447	„
Tod	31 933 175	„	3 483 214	„

7. A. N. d. R. V. A. 1912 S. 512 ff.

8. Édouard Fuster in Paris, Professeur au Collège de France, Secrétaire général du Comité permanent international des Assurances sociales et de les Conférences ou Congrès, in seinem Aufsatz: „L'aide social au-dessus des partis". — Die

deutsche Arbeiterversicherung, Sonderausstellung auf der Internationalen Hygiene-Ausstellung, Dresden 1911. Katalog bearbeitet von dem Senatspräsidenten im Reichsversicherungsamte Dr. G. A. Klein. Behrend & Co., Berlin. — Gustav von Stryk über Arbeiterversicherung. Aus dem Berichte der Kaiserlichen Livländischen Gemeinnützigen und Ökonomischen Sozietät 1910. Riga 1911, Verlag von G. Löffler. — F. C. Schwedtman, Employer's Liability, Workmen's Compensation and Prevention of Work Accidents, St. Louis 1912 S. 13: „The fact that German principles and German methods of dealing with accident prevention and relief have been adopted in most European countries speaks volumes for its merits." — Bezüglich England vergleiche den dem Parlament erstatteten Sonderbericht: Copy of Memorandum explanatory of the Bill, Treasury Chambers 8. May 1911, London, Wyman and Sons.

9. Im Jahre 1910 hatten die gewerblichen Berufsgenossenschaften 339 technische Aufsichtsbeamten angestellt. Näheres über die Unfallverhütung im Handbuch der Unfallversicherung, 3. Auflage. Leipzig, Verlag von Breitkopf & Härtel, 1909—1910, Band III, S. 733 ff. — „Unfallverhütung und Betriebssicherheit." Denkschrift des Verbandes der Deutschen Berufsgenossenschaften aus Anlaß des 25jährigen Bestehens der gewerblichen Arbeiterversicherung. — Unfallverhütungstechnik von Dr. Ing. G. Schlesinger und „Berufsgenossenschaftliche Unfallverhütung" von Dr. Ing. h. c. K. Hartmann. Berlin 1910, Carl Heymanns Verlag. — Festschrift des Verbandes der Deutschen Baugewerks-Berufsgenossenschaften: „1885—1910. Fünfundzwanzig Jahre sozialer Mitarbeit. Zum Gedächtnis an das 25jährige Bestehen der Unfallversicherung." (Selbstverlag.)

10. Von dem Gesamtaufwande von 152 129 133 Mark entfielen auf Kosten der Fürsorge innerhalb der gesetzlichen Wartezeit 11 689 782 Mark, auf die Heilbehandlung außerhalb der Krankenhäuser 48 407 264 Mark, auf die Krankenhausbehandlung einschließlich Angehörigenrente 92 032 087 Mark.

11. Anmerkung 6 unter a. Im Jahre 1910 wurden durchschnittlich gezahlt:
für einen Erkrankungsfall 62,65 Mark,
„   „   Erkrankungstag   3,15 „ .

12. Wirkungskreis S. 246 ff. und die seit 1898 vom Reichsversicherungsamte jährlich veröffentlichte Statistik der Heilbehandlung bei den Versicherungsanstalten und zugelassenen Kasseneinrichtungen der Invalidenversicherung, Verlag von Behrend & Co., Berlin.

13. Nachruf im Geschäftsberichte des Vorstandes der Landesversicherungsanstalt der Hansestädte für das Jahr 1906 S. 4.

14. „Aufgaben und Leistungen der Invalidenversicherung im Kampfe gegen die Tuberkulose." Vortrag, gehalten im Reichsversicherungsamt am 13. März 1909 vom Geheimen Medizinalrat Professor Dr. Fränkel in Berlin. (A. N. d. R. V. A. 1909 S. 618 ff.)

15. Siefart, Die Heilstätten, Krankenhäuser und Genesungsheime der Versicherungsanstalten und Kasseneinrichtungen der Invalidenversicherung in Preußen (Jena 1907). — Festschrift S. 150 ff. — Geschäftsbericht des Vorstandes der Invaliditäts- und Altersversicherungs-Anstalt Hannover für das Jahr 1895 S. 8. — Mitteilungen über das Genesungshaus Königsberg (bei Goslar) der Invaliditäts- und Altersversicherungs-Anstalt Hannover. Von dem leitenden Arzte des Genesungshauses Dr. med. Andrae in Goslar.

16. Siefart, a. a. O. — Festschrift, S. 150 ff. — Verwaltungsbericht der Invaliditäts- und Altersversicherungs-Anstalt Braunschweig für das Jahr 1897 S. 6 ff.

17. Siefart, a. a. O. — Festschrift, S. 150 ff. — Die Heilstätte Oderberg bei St. Andreasberg, errichtet von der Hanseatischen Versicherungsanstalt. (Druckschrift mit Lageplan, Ansichten und Grundrissen.) Lübeck 1897.

18. Invalidenversicherung und Arbeiterwohlfahrt. Eine Festschrift aus Anlaß des 25 jährigen Jubiläums der Deutschen Reichsversicherung. Im Auftrage der Deutschen Versicherungsanstalten herausgegeben. Verlag von Ernst Wasmuth A. G., Berlin 1910.

Nähere Angaben für die 38 Lungenheilstätten.

Name der Heilstätte	Bettenzahl für Männer	Bettenzahl für Frauen	Versicherungsanstalt
1. Beelitz (Mark)	188	73	Berlin
2. Beelitz „ (Erweiterungsbau)	294	283	Berlin
3. Lichtenberg bei Berlin (Tuberkulinstation)	17	—	Berlin
4. Kottbus	—	110	Brandenburg
5. Kronprinz-Wilhelm-Volksheilstätte bei Obornik	100		Posen
6. Schielo (Ostharz)	136	—	Sachsen-Anhalt

Name der Heilstätte	Bettenzahl für Männer	Bettenzahl für Frauen	Versicherungsanstalt
7. Königsberg (Goslar)	70	—	Hannover
8. Erbprinzentanne (Harz) . .	—	63	
9. Schwarzenbach (Harz) . . .	70	—	
10. Andreasheim bei St. Andreasberg	—	52	
11. Stübeckshorn bei Soltau . . .	65	—	
12. Ronsdorf	138	—	Rheinprovinz
13. Ramberg (Pfalz)	61	—	Pfalz
14. Pappenheim (Mittelfranken) .	60	—	Mittelfranken
15. Walach bei Obertiefenbach (im Bau begriffen)	—	—	Schwaben
16. Hohwald i. Sa.	260	—	Königreich Sachsen
17. Wilhelmsheim (Oberamt Backnang)	177	—	Württemberg
18. Überruh (Oberamt Wangen) .	—	195	
19. Friedrichsheim bei Marzell .	234	—	Baden
20. Luisenheim bei Marzell . . .	—	199	
21. Nordrach-Kolonie (Amt Offenbach)	110	—	
22. Ernst-Ludwig-Heilstätte bei Sandbach	124	—	Großh. Hessen
23. Sophienheilstätte bei Berka a. Jlm	90	—	Thüringen
24. Römhild (S.-M.)	—	80	
25. Albrechtshaus bei Stiege . .	86	—	Braunschweig
26. Marienheim bei Stiege . . .	—	36	
27. Oderberg-Gebhardsheim bei St. Andreasberg (Harz) . . .	180	—	Hansestädte
28. Glückauf in St. Andreasberg (Harz)	—	100	
29. Groß Hansdorf bei Ahrensburg	37	—	
30. Leopoldinenheim bei Altweier (Ober-Elsaß)	—	92	Elsaß-Lothringen

Name der Heilstätte	Bettenzahl für Männer	Frauen	Versicherungsanstalt
31. Tannenberg bei Saales (Unter-Elsaß)	142	—	Elsaß-Lothringen
32. Stadtwald bei Melsungen . . .	120	—	Pensionskasse für die Arbeiter der Preußisch-Hessischen Eisenbahn-Gemeinschaft
33. Moltkefels in Schreiberhau .	104	—	
34. Sülzhayn bei Ellrich	130	—	Norddeutsche Knappschafts-Pensionskasse
35. Friedrich-Hilda-Genesungsheim in Oberweiler	58	31	Arbeiter-Pensionskasse für die Badischen Staatseisenbahnen und Salinen
36. Auguste-Viktoria-Knappschafts-Heilstätte in Beringhausen . .	118	—	Allgemeiner Knappschaftsverein in Bochum

19. Nach dem Geschäftsberichte des Deutschen Zentral-Komitees zur Bekämpfung der Tuberkulose bestanden im Frühjahr 1911 64 Volksheilstätten und 39 Privatheilanstalten für Lungenkranke sowie 22 Kinderheilstätten.

20. Statistik der Heilbehandlung für die Jahre 1905 bis 1910 S. 100 ff. Bis zum Jahre 1907 waren 12,1 Millionen Mark, bis 1908 12,4 Millionen Mark, bis 1909 13,1 Millionen Mark und bis einschließlich 1910 14,1 Millionen Mark ausgeliehen.

21. Nachstehende Übersicht zeigt die Entwicklung im einzelnen

Jahr	Personen	Verpflegungstage	Kosten Millionen Mark
1897	3 334	252 895	1,0
1898	4 910	369 933	1,5
1899	7 698	572 214	2,4
1900	11 094	823 337	3,8
1901	14 656	1 095 407	5,0
1902	16 489	1 249 173	5,9
1903	20 148	1 538 908	7,4
1904	23 477	1 785 934	8,5
1905	26 621	1 988 268	9,7
1906	31 022	2 312 850	11,5
1907	32 074	2 376 489	11,9
1908	38 725	2 834 420	14,8
1909	42 232	3 093 798	16,3
1910	45 609	3 338 199	17,4

22. Der Kostenaufwand für einen Verpflegungstag betrug

	für Tuberkulöse	für andere Kranke
1897	4,05 Mark	3,07 Mark
1900	4,57 ,,	3,41 ,,
1903	4,81 ,,	4,10 ,,
1908	5,22 ,,	4,59 ,,
1909	5,41 ,,	4,58 ,,
1910	5,22 ,,	4,69 ,,.

23. Walderholungsstätten und Genesungsheime. Bericht von Dr. Rudolf Lennhoff (Berlin) auf der XXXI. Versammlung des deutschen Vereins für öffentliche Gesundheitspflege zu Augsburg am 13. September 1906. Braunschweig, Friedrich Vieweg & Sohn, 1907. — Walderholungsstätten vom Roten Kreuz, Festschrift zum zehnjährigen Bestehen der Abteilung für Erholungsstätten des Volksheilstätten-Vereins vom Roten Kreuz in Berlin. Herausgegeben von Frau Staatsminister von Studt, Vorsitzende. Berlin 1909, Verlag ,,Das Rote Kreuz" Charlottenburg. — Die Erholungsstätten vom Roten Kreuz bei Berlin. Bericht der Abteilung für Erholungsstätten über das Betriebsjahr 1910. Berlin 1911, Verlag ,,Das Rote Kreuz" Charlottenburg. — Wirkungskreis S. 249. — Mbl. f. A. V. 1908 S. 1. — Statistik der Heilbehandlung a. a. O. S. 53 ff.

24. Bericht des Vorstandes der Landesversicherungsanstalt Rheinprovinz über die Geschäfts- und Rechnungsergebnisse für das Rechnungsjahr 1903 S. 42 ff.

25.

	Zahl der verpflegten Personen	Zahl der Verpflegungstage	Kostenaufwand Mark
1907	1859	53 179	93 577
1908	2912	71 499	133 267
1909	2811	87 237	166 247
1910	2766	83 661	169 982.

26. Über Beschäftigungskuren in Lungenheilstätten. Mbl. f. A. V. 1911 S. 33 ff. — Sonderabdruck aus der ,,Zeitschrift für physikalische und diätetische Therapie" 1910. Band XIV S. 7 ff. Verlag von Georg Thieme in Leipzig. — Verwaltungsbericht des Vorstandes der Landesversicherungsanstalt Brandenburg für das Geschäftsjahr 1910 S. 56/57.

27. Bericht über die VII. Tagung der Tuberkulose-Ärzte, Karlsruhe den 6. und 7. Juni 1910. Deutsches Zentral-Komitee zur Bekämpfung der Tuberkulose, Berlin 1910 S. 73 ff.

28. **Statistik der Heilbehandlung** a. a. O. S. 94 ff.

29. Zuletzt wurde diese Frage erörtert auf der zweiten Internationalen Konferenz für Sozialversicherung zu Dresden am 15. und 16. September 1911. Bericht hierüber in den Mbl. f. A. V. 1911 S. 120. — Geschäftsbericht des Vorstandes der Landesversicherungsanstalt Sachsen-Anhalt für das Jahr 1910 S. 26.

30. **Statistik der Heilbehandlung** für die Jahre 1905 bis 1909 S. 108 ff. und **Statistik der Heilbehandlung** für die Jahre 1905 bis 1910 S. 116 ff.

31. **Festschrift** S. 149 ff. — **Wirkungskreis** S. 251 ff.

32. Die Turban-Gerhardtsche (Kaiserliches Gesundheitsamt) Stadieneinteilung unterscheidet

I. Leichte, auf kleine Bezirke eines Lappens beschränkte Erkrankungen, die z. B. an den Lungenspitzen bei Doppelseitigkeit des Falles nicht über die Schulterblattgräte und das Schlüsselbein, bei Einseitigkeit vorn nicht über die zweite Rippe hinunterreichen dürfen.

II. Leichte, weiter als I, aber höchstens auf das Volumen eines Lappens, oder schwere, höchstens auf das Volumen eines halben Lappens ausgedehnte Erkrankungen.

III. Alle über II hinausgehenden Erkrankungen und alle mit erheblicher Höhlenbildung.

Unter leichter Erkrankung sind zu verstehen disseminierte Herde, die sich durch leichte Dämpfung, unreines, rauhes, abgeschwächt vesikuläres, vesikulo-bronchiales bis broncho-vesikuläres Atmen und feinblasiges bis mittelblasiges Rasseln kundgeben.

Unter schwerer Erkrankung sind Infiltrate zu verstehen, welche an starker Dämpfung, stark abgeschwächtem (unbestimmtem), broncho-vesikulärem bis bronchialem Atmen mit und ohne Rasseln zu erkennen sind.

Erhebliche Höhlenbildungen, die sich durch tympanitischen Höhlenschall, amphorisches Atmen, ausgebreitetes gröberes, klingendes Rasseln usw. kennzeichnen, entfallen unter Stadium III.

Pleuritische Dämpfungen sollen, wenn sie nur einige Zentimeter hoch sind, außer Betracht bleiben; sind sie erheblich, so soll die Pleuritis unter den tuberkulösen Komplikationen besonders genannt werden.

Das Stadium der Erkrankung ist für jede Seite gesondert anzugeben. Die Klassifizierung des Gesamtfalls erfolgt entsprechend dem Stadium der stärker erkrankten Seite, z. B. rechts II., links I. = Gesamtstadium II.

33. Für die einzelnen Jahre sind folgende Ergebnisse festgestellt:

Behandlungsjahr	Zahl der ständig behandelten Personen	Beim Abschluß der Behandlung wurde Heilerfolg erzielt bei Personen	auf 100 der Behandelten
1897	3 334	2 257	68
1898	4 910	3 623	74
1899	7 698	5 696	74
1900	11 094	8 037	72
1901	14 656	11 249	77
1902	16 489	12 885	78
1903	20 148	16 047	80
1904	23 477	18 634	79
1905	26 621	21 788	82
1906	31 022	25 749	83
1907	32 074	26 287	82
1908	38 725	31 979	83
1909	42 232	35 131	83
1910	41 420	37 335	90

34. Ist die Einrichtung von Vor- und Durchgangsstationen für Lungenkranke, unabhängig von den Heilstätten zweckmäßig? Vortrag des Landesrats Dr Schellmann-Düsseldorf in der Sitzung des Ausschusses des Deutschen Zentral-Komitees zur Bekämpfung der Tuberkulose am 9. Juni 1911.

35. Von 100 Behandelten erlangten — behielten Erwerbsfähigkeit

am Ende des	1897	1898	1899	1900	1901	1902	1903	1904	1905	1906	1907	1908	1909
Behandlungsjahrs	62	68	67	66	70	73	74	74	77	78	78	78	80
1. Jahres nach der Behandlung . . .	44	45	48	49	55	58	60	62	64	65	66	68	69
2. Jahres nach der Behandlung . . .	30	38	40	41	46	50	53	54	56	57	57	—	—
3. Jahres nach der Behandlung . . .	30	33	35	37	40	46	48	50	50	52	—	—	—
4. Jahres nach der Behandlung . . .	27	31	32	31	34	42	45	46	46	—	—	—	—

36. Darstellung des Krankheitsbildes auf Grund der Turban-Gerhardtschen (Kaiserliches Gesundheitsamt) Stadieneinteilung

Jahr	1909				1910			
Behandelte Personen	35 145				41 262			
Im Stadium	0*)	I	II	III	0*)	I	II	III
beim Abschluß der Behandlung	924	19857	10193	4171	2365	25043	10247	3607
beim Beginne der Behandlung	—	17841	12560	4744	—	22281	14431	4550
Mehr oder weniger	+924	+2016	−2367	−573	+2365	+2762	−4184	−943
Zu- od. Abnahme auf 100 der Behandelten	+3	+5	−7	−1	+6	+6	−10	−2

37. Viele Anstalten übergeben ihren Pfleglingen bei der Entlassung Merkblätter. Ferner ist hinzuweisen auf das Tuberkulose-Merkblatt, bearbeitet im Kaiserlichen Gesundheitsamte. Verlag von Julius Springer in Berlin. 1000 Exemplare 25 Mark. — Wie können die Mütter ihre Kinder vor der Tuberkulose, dem ärgsten Feinde der Volksgesundheit, schützen? Merkblatt des Deutschen Zentral-Komitees zur Bekämpfung der Tuberkulose.

38. Berliner klinische Wochenschrift 1908 S. 12 und 1911 Nr. 40.

39. Die deutsche Arbeiterversicherung als soziale Einrichtung. Im Auftrage des Reichsversicherungsamts dargestellt für die Weltausstellung in St. Louis 1904, Heft V. Arbeiterversicherung und Volkswirtschaft. Bearbeitet von Dr. Friedrich Zahn, Regierungsrat im Kaiserlichen Statistischen Amte und Professor an der Universität Berlin.

40. Seit 1909 werden Uebersichten über die Ergebnisse der Invalidenhauspflege in den A. N. d. R. V. A. veröffentlicht. Die letzte in den A. N. 1912 S. 554 ff. Mit der Invalidenhauspflege für tuberkulöse Rentenempfänger beschäftigt sich ein besonderer Abschnitt der jährlichen Heilstatistik. In Invalidenheimen

---

*) Das Stadium 0 soll den Zustand eines wegen Tuberkulose behandelten Kranken nach der Behandlung bezeichnen, bei welchem die Merkmale der Stadien I bis III nicht mehr nachweisbar sind.

und in ähnlichen Anstalten waren untergebracht: 1907 402, 1908 614, 1909 719, 1910 959 und 1911 1110 tuberkulöse Rentenempfänger.

41. „Die Unterbringung vorgeschrittener Lungenkranker, von Landesrat Dr. Schmittmann, Düsseldorf." Veröffentlicht in der Concordia, Zeitschrift der Zentrale für Volkswohlfahrt Nr. 4, vom 15. Februar 1911.

42. Die St. Franziskus-Heilstätte für vorgeschrittene Lungenkranke in M.-Gladbach-Windberg von Dr. J. Blum, Oberarzt. Sonder-Abdruck aus der Zeitschrift für Tuberkulose Band XVI Heft 2, 1910. Leipzig, Johann Ambrosius Barth.

43. Bericht des Geheimen Regierungsrats Dr. Dieß, Vorsitzenden des Vorstandes der Landesversicherungsanstalt Großherzogtum Hessen, in der Sitzung des Ausschusses des Deutschen Zentral-Komitees zur Bekämpfung der Tuberkulose am 9. Juni 1911.

44. Geschäftsbericht der Landesversicherungsanstalt Schlesien für das Rechnungsjahr 1910 S. 39 ff.

45. Die Lungentuberkulose und ihre Bekämpfung in Cöln. Vorschläge zur Errichtung eines Tuberkulosekrankenhauses von dem Beigeordneten Dr. Krautwig in Cöln.

46. Statistisches Jahrbuch der Stadt Berlin, 31. Jahrgang, enthaltend die Statistik der Jahre 1906 und 1907.

47. Dr. P. Jacob, Die Tuberkulose und die hygienischen Mißstände auf dem Lande. Berlin, Carl Heymanns Verlag 1911.

48. Alljährlich wird hierüber eine Nachweisung in den A. N. d. R. V. A. veröffentlicht; die letzte in den A. N. von 1912 S. 526.

Am Schlusse des Jahres	waren ausgeliehen für die Wohnungsfürsorge Millionen Mark	Am Schlusse des Jahres	waren ausgeliehen für die Wohnungsfürsorge Millionen Mark
1900	78,1	1906	172,6
1901	87,5	1907	195,8
1902	103,4	1908	239,4
1903	118,4	1909	280,5
1904	133,2	1910	320,1
1905	151,0	1911	362,2

49. Wirkungskreis S. 264 ff.

50. Statistik der Heilbehandlung für die Jahre 1905 bis 1910 S. 27 und 45. Im Frühjahr 1911 bestanden in Deutschland 1064 Auskunfts- und Fürsorgestellen für Lungenkranke.

51. Statistik der Heilbehandlung a. a. O. S. 17 ff.

52. Verwaltungsberichte der Landesversicherungsanstalt Berlin für die Jahre 1909 und 1910 S. 97 ff. und S. 85/87.

53. Anmerkung 6 unter b.

54. Bericht des Polizeirats Dr. Hartwig (Chemnitz) in der Sitzung des Ausschusses des Deutschen Zentral-Komitees zur Bekämpfung der Tuberkulose am 9. Juni 1911.

55. Bericht der Reichstagskommission über den Entwurf des Versicherungsgesetzes für Angestellte S. 25 und 26.

MIX
Papier aus verantwortungsvollen Quellen
Paper from responsible sources
FSC® C105338

If you have any concerns about our products,
you can contact us on
ProductSafety@springernature.com

In case Publisher is established outside the EU,
the EU authorized representative is:
**Springer Nature Customer Service Center GmbH
Europaplatz 3, 69115 Heidelberg, Germany**

Printed by Libri Plureos GmbH
in Hamburg, Germany